AF586372

# LETTRE
## A
# M. MALLET DU PAN

*SUR SON OUVRAGE INTITULÉ:*

# CONSIDÉRATIONS
## SUR
# LA REVOLUTION DE FRANCE,

*Et les causes qui en prolongent la durée.*

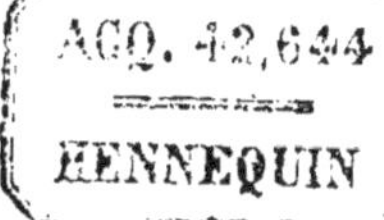


VOTRE Ouvrage, Monsieur, était annoncé depuis longtems dans un païs ou vous avez des amis : il leur plaira sans doute ; mais j'ose assurer que ceux qui l'attendaient, pour fonder leurs espérances sur votre politique, n'y trouveront pas des motifs de consolation. Permettez moi d'ajouter, ſans être l'organe des vrais royaliſtes, qu'avec les ſentimens exprimés dans votre écrit vous ne pouvez être le leur. On pourrait plutôt vous prendre quelquefois pour celui des Conſtitutionnels ; mais ceux-ci vous renieraient encore. La diviſion des pouvoirs, une chambre haute, une baſſe, un pouvoir exécutif décoré du titre de roi, tels ſont les objets de votre affection. Votre place eſt donc au centre des partiſans de cette forme de gouvernement. Vous ne voudriez point, & les royaliſtes n'y conſentiraient pas, être compris parmi les royaliſtes Français, fermes dans les bons principes. En déteſtant leur erreur, après l'avoir abjurée, leur déſir, Monſieur, eſt de voir des rois tel qu'Henri IV. ils obéiraient même à un Louis XI, ſi Dieu dans ſa juſtice voulait les ſoumettre à ſa Puiſſance. Ces royaliſtes reconnaiſſent une Conſtitution éxiſtante depuis des ſiécles dans un royaume, que vous avez ſouvent dépeint comme ſe ſoutenant miraculeuſement par & pour les abus.

Ils voient un monarque, où vous ne découvrez qu'un deſpote ; & là où vous trouvez l'autorité abſolue, ils n'apperçoivent que des actes de juſtice néceſſaires, ou tempérés par les loix de la monarchie. Quant aux abus indépendants de cette Conſtitution, ils ne les diſſimulent pas, & quant à leur proſcription, ils l'attendaient des vœux, des efforts réunis des ſujets appellés près de ſon trône par un roi, qui ne les avait raſſemblés que pour mieux connaitre & les abus & les déſirs de ceux qu'il croyait ſes enfans. Mais les royaliſtes n'ont jamais en général imaginé que cette réunion de ſujets au pied du trône eût pour objet de créer une nouvelle Conſtitution, ou de chercher les moyens de balancer des pouvoirs, qui repoſaient dès le principe de la monarchie ſur la tête du ſouverain. Vous même, Monſieur, ſi vous penſiez avant 1789 le contraire, ne l'aviez vous jamais oſé énoncer?

Bien des Français ont été égarés ſans doute par des écrivains téméraires; mais les royaliſtes abuſés ont reconnu leurs torts, & unis de ſentimens avec leurs frères, ralliés près des Bourbons, ils pleurent leur roi, & brûlent tous de revoir ſon fils revêtu de la même autorité que Louis XII & Henri IV, (non des monarques de votre façon, ou de celle des Lally, des Mallouet &c.) Rois qui rendirent leurs ſujets heureux, comme l'eût fait Louis XVI, ſi uſant de la même puiſſance il l'eût déployée pour terraſſer la révolte dans ſon principe. Hélas, il n'exiſtait pas ſous ces princes de philoſophie, pas même celle que vous appellez la vraie. On avait du bon ſens, & moins d'orgueil; on croyait en Dieu, & l'on reſpectait ſon image. Louis XVI, au contraire, était enveloppé dans toutes les vapeurs malignes des athées, de ce qu'on appelle Philoſophes, des ſavans, & d'écrivains, qui voulaient tous gouverner le monde. Ces influences peſtilencieles ont conduit ce roi à l'échafaud; & détruit l'un des plus beaux royaumes de l'univers.

On imaginait, Monſieur, qu'après avoir tracé de main de maître tous les excès de l'anarchie, & avancé que la France avait beſoin de trente ans d'éducation préliminaire; (ce préliminaire ne pouvant ſe remplir,) vous reconnaitriez quoique tard, qu'il nous fallait un roi auſſi puiſſant que ſes prédéceſſeurs. Point du tout, républicain né, vous vous donnez comme l'organe des royaliſtes, lors même que vous les combattez, & que vous jettez le mépris ſur ceux qui ne le ſont pas, à votre maniere.

Vous oſez enfin, commencer votre Ouvrage par l'expreſſion d'une idée, que le déſeſpoir n'autoriſerait pas un royaliſte à concevoir. Avez vous pu, Monſieur, écrire ces phraſes? *Déja la durée d'une ſemblable lutte commence à l'ennoblir, déja le public cautérisé oublie les forfaits des Jacobins, & ne songe qu'à leur résistance. Encore trois mois d'incertitude, & une génération abâtardie par l'égoïsme, passerait de la surprise à l'admiration.* Vous lancez dans le public un Ouvrage précieux sans doute aux monstres. Ils y trouveront en effet l'idée, qu'ils n'ont peut-être pas, de leurs forces; vous encouragez leur résistance; vous ne doutez pas qu'ils n'aient perdu tout *sentiment de terreur*; vous leur rappellez une ardeur de chaque minute. Est-ce là le devoir d'un Royaliste ?

Mon objet, Monsieur, n'est pas de relever tout ce que votre Ouvrage contient de hazardé, de déplacé & d'impolitique. Quelqu'autre prendra ce soin. Réduit à des points essentiels, il eût pu être déposé dans les cabinet des puissances; mais jamais il n'eût dû voir le jour. Vous avez voulu occuper le public de vous, vous en étiez le maître, comme je le suis de vous renier pour l'organe des vrais royalistes. Quelques traits de votre écrit prouveront assez que vous n'en avez pas les sentimens.

Siérait-il en effet à un républicain de se donner pour l'écho des royalistes ? Vous en avez acquis tous les droits; mais dans l'énumération de vos titres, (n. p. 71.) Je vous vois ceux de bien des personnages qui ne sont pas plus royalistes que vous. Croyez-vous de bonne foi que le grand nombre de vos lecteurs sera convaincu que votre voyage à Bruxelles, ne vous *laisse plus qu'à gagner la guillotine.* On en parle très à l'aise quand on en est loin, & comme vous n'ètes pas disposé d'acquérir le titre de royaliste à ce prix, ne soyez pas surpris qu'on tente de vous le disputer.

(Page 6). *Des hommes publics, & des écrivains de génie avaient suffisamment éclairé l'opinion sur les causes d'affaiblissement dans les ressorts de la monarchie, & sur la maniere de la tempérer ou de la limiter.*

Cette phrase contient tous les principes de la révolution, un royaliste ne l'eût pas écrite. Si vous étiez royaliste, vous fussiez convenu de l'affaiblissement dans les ressorts de la monarchie, mais vous n'eussiez pas rappellé l'opinion de *ces écrivains de génie*, sur la maniere de *la tempérer ou de la limiter.* Leur opinion est la vôtre ; ces mots *tempérer*, *limiter*, sont le symbole de votre foi. Pour rendre l'énergie aux ressorts de la monarchie, il n'était pas nécessaire de *la limiter ou tempérer*, & c'est pour avoir tenté de la *limiter* ou de la *tempérer*, qu'on a créé tous les maux qui nous désolent. Telle est l'obligation due à vos écrivains éclairés.

(Page 13). *La Constitution révisée & non corrigée.* Un vrai royaliste n'aurait pas l'air de supposer que cette Constitution eût pu être corrigée. Quoique dans un autre endroit de votre Ouvrage vous ayez bien établi ses vices, votre affection pour la division des pouvoirs vous décéle: vous l'auriez crue supportable, si, après l'avoir corrigée, vous eussiez établi votre précieux équilibre.

(Page 14). *Dont l'évasion les eut sauvée ainsi que la liberté & le royaume.*

Vous eussiez dû dire comment: on découvre pourtant vos moyens. *La liberté?* Supposant par ce mot l'esclavage des Français, vous ne les voyez libres que par votre sistême, & vous avez sans doute des raisons pour penser qu'a cette époque on l'eût adopté. Un vrai royaliste, malgré tous les abus, ne se croyait pas un esclave. Il pense que l'évasion du roi, si elle eût réussi, n'eût pas sauvé la liberté, parce qu'elle n'était pas en danger, mais le royaume, en procurant au roi les moyens de déployer sa juste puissance, de punir les factieux, de dissoudre les états-généraux devenus une autorité nouvelle, d'infidèles mandataires, & des sujets rebelles.

5( *Idem* ). *D'avoir engendré une ligue régicide sans songer aux moyens de la contenir.*

Quel froid ſtoiciſme? Reprocher à une horde de factieux ſa mal addreſſe ? Ah ! Un royaliſte indigné, ne préſenterait que les moyens de l'exterminer.

( Page 18 ). *Quant aux royaliſtes contre-revolutionnaires, depuis longtems ils ne comptaient plus.* Il eſt aiſé, Monſieur, de comprendre que ce n'eſt pas de ceux-là, dont vous vous dites l'organe, vous paraiſſez trop les mépriſer. Plus juſte, ou moins paſſionné, vous euſſiez mis quelques nuances entre eux, vous n'auriez pas placé ſur la même ligne & *la majorité des mécontens & ces hommes inattentifs & paſſionnés*, qui *au ſortir de l'Opéra*, *ou dans la chaiſe de Poſte qui les tranſportaient ſur le Rhin*, *ajournaient la fin de la tempête.* Vous n'auriez pas en un mot oſé dire *que cette majorité eût placé ſon ſalut dans l'excès du mal.* Comment n'avez vous pas ajouté qu'elle en était un des inſtruments?

Vous ſans paſſion, au milieu de toutes les épreuves dont le détail orne votre note (pag.70), vous donnez l'épithète *de paſſionnés* à des hommes véritablement échappés au fer des aſſaſſins, aux torches qui incendiaient leurs poſſeſſions, *a vos assauts civiques*; & ce, parce qu'ils esperaient bonnement tous les mois voir terminer leurs souffrances. Ah ! Si vous n'ètes pas passionné, qu'ètes-vous donc ? Vous savez aussi bien que tout autre, les motifs qui attiraient sur les bords du Rhin les royalistes, & mieux qu'aucun, les intrigues qui ont rendu infructueux leur rassemblement près des Bourbons. Les rives du Rhin, illustrées par l'approche des dignes descendants de Henri & des milliers de Français de tout état fidèles à leur Dieu, ainsi qu'à leur roi, étaient aussi souillées par les feuillans, les monarchiens, & les jacobins. Qui a arrêté les efforts généreux des premiers ? Vous le savez. Qui dirigeait les autres ? Vous ne l'ignorez pas.

Si vos talens, votre plume, vous les eussiez employés à dévoiler la turpitude des uns, la scélératesse des autres, on vous reconnaitrait pour l'organe des vrais royalistes ; mais vos mépris ont sans cesse honoré ceux qui ne reconnaissaient que Dieu & un roi. Vos livrées ? vous les avez toujours affichées. Point d'équivoque : je ne suis point injuste. Vos couleurs sont celles des disputans sur deux chambres, & sur trois.

( Page 21 ). *La révolution doit à ces sophismes de l'esprit de parti, l'horrible caractère qu'elle a pris depuis un an.*

Et vous n'êtes pas du parti, Monſieur, & de ce parti qui a paralyſé les efforts de nos princes & enchainé les rois dans une immobilité qui a donné le tems aux régicides de tout accomplir. Qu'on liſe avec attention les pages 21, 22, 23.

Il vous ſied bien d'accuſer le parti royaliſte, de n'avoir pas voulu ajourner ſes débats, lorſque vous, bien convaincu du poids & de l'effet de votre opinion, vous avez conſtamment quatre fois le mois, pendant près de trois ans, diſputé ſur la néceſſité de deux chambres ou de trois, & en derniere analyſe ſur la diviſion des pouvoirs, ſans quoi point de liberté. Il fallait en effet que les princes, les rois, tous les Français attachés à l'ancienne conſtitution, vinſſent déférer à vos avis, aux déciſions des Mounier, des Malouet, des Lally &c., lorſque vous, protecteurs & protégés, paraiſſiez faire accueillir vos rêveries ou vos erreurs, par les puiſſances, dont l'intervention ſeule pouvait rétablir l'ordre en France. Oui ſans doute, toutes ces diſputes ont cauſé de grands maux; mais qui eſt entré le premier dans l'arêne? Qui a commandé l'opinion, ſinon ces gens à réputation? Combien ont abuſé de leurs talens, de leur influence dans leurs provinces comme dans la capitale, pour, chacun à ſa maniere, & ſuivant ſon orgueil & ſes vues, attaquer & détruire la monarchie, ſous prétexte de la *tempérer*, *de la limiter*. Et n'en exiſte-t-il pas encore, qui, ſe diſant aujourd'hui royaliſtes, n'ont pas tracé toute-fois une ligne pour déſavouer, retracter des écrits qui, dans le tems, ont fait éclore le germe de la révolte. Oui ſans doute, vous & tous les vôtres, aurez pu & dû écrire pour maîtriſer l'opinion, & les vrais royaliſtes ſeuls, ſeront accuſés d'avoir par *les ſophiſmes de l'eſprit de parti* donné *à la révolution l'horrible caractère quelle a pris depuis un an.*

Je voudrais fort, Monſieur, avoir le tems & les moyens de vérifier, ſi ce n'eſt pas à-peu-près depuis un an, que le grand nombre des monarchiens a partagé les malheurs des royaliſtes; je verrais alors, s'il n'y a *qu'une année que la révolution a pris ſon horrible caractère.* Je ſçais qu'elle a mis le comble à tous les forfaits depuis ce tems; mais elle n'en était pas moins horrible bien avant. Faut-il vous rappeller, (car vous paraiſſez *un peu cautériſé*) le maſſacre des magiſtrats à Paris, les crimes de Caen, ceux du 5 Octobre, précurſeurs du plus noir & du plus lâche des forfaits, ceux de Nismes, Douai, Dijon, Valence, Aix, Montauban ? Vous citerai-je enfin & la glaciére d'Avignon, & les tourments de tant de vierges ſaintes, de confeſſeurs d'une foi, qui donne le vrai courage ? Toutes ces horreurs ſont antérieures à votre époque d'un an ; & la révolution ne ſerait horrible, n'aurait pris ſon horrible caractère que depuis un an. Je vous rends juſtice, ces expreſſions vous ont échappé.

(Page 25). *Si le général Dumourier, dont les plans ſemblaient dreſſés dans le cabinet des Tamerlan, &c. &c. Si ce conquérant formé de feu & de ſalpêtre, &c. &c.*

Et vous n'êtes pas paſſionné, & vous appellez *fanfarons* ceux qui ne peignent pas Dumourier avec les pinceaux dont avant les vôtres, ils ne pouvaient ſuppoſer l'exiſtence? Croyez-vous que ce conquérant ne fût formé que *de feu & de ſalpêtre?* Dumourier, à la tête de cent mille hommes, qui n'étaient pas encore des ſans-culottes, arrêté à Gemape par ſeize mille Autrichiens; Dumourier, employant quatre mois à opérer ce que ſes amis ont appellé les prodiges de la liberté, bien plutôt les effets de l'or & de la ſéduction ; n'a-t-il pas été forcé d'admirer ceux de fidélité, lui enlevant dans quatre ſemaines, ces conquêtes faciles? Il eût envahi la Hollande, l'univers ! Mandrin & Cartouche n'euſſent ceſſé de voler & d'aſſaſſiner, ſi nul ne s'y fut oppoſé. Telle ſera encore mon obſervation, ſur le tableau à la vûe du quel vous ſuppoſez le ſourire. Les Cannibales pourraient voir s'accomplir vos ſiniſtres prédictions, ſi on les laiſſait opérer tranquillement. Et en vérité vous prenez mal votre tems, pour prophétiſer auſſi ſinguliérement ?

Une ſeule réflexion me ſuffira pour exprimer l'opinion d'un bon royaliſte ſur votre ſection 4. C'eſt, j'oſe le dire, un délit de rappeller aux factieux, les fautes de leurs adverſaires, leurs prétendues reſſources, comme les cauſes de leur réſiſtance. Tout ce que renferme de bon votre Ouvrage, eſt ſouillé par vos obſervations du genre de celles de la page 68, ou vous prétendez que le cri de guerre des royaliſtes a été *Tout ou Rien.*

Je ne m'arrête pas plus longtems à extraire les preuves que vous donnez vous même de la fauſſeté de votre aſſertion, lorſque vous avancez être & avoir été l'organe des royaliſtes. Je laiſſe à l'auteur des lettres ſur la république le ſoin de ſe défendre, s'il le juge à propos, de vos attaques ; je vous obſerverai ſeulement qu'il était très-inutile de donner à cet écrit, que je ne connais pas, plus d'importance qu'il n'en méritait. J'ajoute que, s'il a préſenté auſſi mal adroitement que vous l'en accuſez, le retour des anciens abus, votre diatribe était abſolument oiſeuſe; car on ne l'eût jamais pris pour l'interprête de la volonté de celui auquel tout bon Français doit un jour obéir.

On ne verra au reſte que le plaiſir de retracer les anciens abus dans la page 72 & ſuivantes de votre écrit. Quel ſens en effet aurait dans la bouche de la Convention, les réflexions que vous lui prêtez au commencement de cette page? Vous en voulez aux intendants? Vous aimez Necker? Vous, bon eſprit, vous déſirez des administrations ſubordonnées? Fort bien; mais la Convention deviendrait-elle votre organe? Y a-t-il enfin de la bonne foi à vous, de rappeller au peuple le retour, par exemple, de la gabelle, lorſque vous ſçavez que les miniſtres voulaient eux-mêmes ſupprimer cet impôt? Ne pouviez-vous pas combattre cet écrivain de toute autre maniere, s'il a préſenté ſon opinion, ſous l'aſpect que vous lui donnez, ce dont je doute fort? Ah! convenez-en : votre bile était furieuſement échauffée. C'eſt avec malice que vous étendez votre cenſure ſur les différens Ouvrages, dont le plan n'était pas conçu ſuivant vos déſirs. Pourquoi encore, donner à connaître que vous penſez qu'ils ont l'aveu des princes, quand ils les font calomnier eux, leurs conſeils, & tous les royaliſtes? Les princes ont parlé: tout ce qui n'a pas le ſceau reſpectable de leur ſeing, ne peut être que l'expreſſion d'opinions particulières, auſſi peu conſéquentes que les votres. Depuis longtems elles ne peuvent pas plus les unes que les autres arrèter, prévenir le mal, & procurer le bien.

Le langage des princes Français était de toute autre conſéquence; vous les calomnieriés vous-même de leur en ſuppoſer un différent de celui de leurs déclarations. Elles renferment le déſir non équivoque de proſcrire les abus, de rendre au roi ſon autorité, à Dieu ſon culte & ſes miniſtres, à la nobleſſe ſon exiſtence, au tiers-état ſes juſtes droits, à tous la ſureté & la tranquillité ſous le régne des loix. C'eſt avec ce langage, Monſieur, permettez-moi de vous le dire, que vous euſſiez dû employer vos talens, pour raſſurer les bons, contenir ou faire trembler les méchants. Loin de prêter à ces princes l'aveu de toutes les déclamations que l'injuſtice peut arracher au malheur, & ſur-tout d'accroitre par votre écrit la rage de nos ennemis communs.

Je finis cette lettre fatiguante pour tous les deux, en vous priant de vous rappeller que *vos inclinations ſecrettes pour la liberté*, *votre nourriture de ſes leçons*, vous interdiſent le droit de vous dire l'organe des vrais royaliſtes, que leur éducation eſt faite. Et ne le fût-elle pas? Ils ne ſçauraient vous prendre pour leur maître. Croyez-le, Monſieur; la France n'a été perdue que pour avoir eu depuis trente ans trop d'inſtituteurs.



---

www.ingramcontent.com/pod-product-compliance
Lightning Source LLC
LaVergne TN
LVHW052041160826
845678LV00003B/1472

* 9 7 8 2 3 2 9 6 3 0 1 7 5 *